LIGUE

POUR L'ABOLITION DE L'ARMÉE PERMANENTE
ET SON REMPLACEMENT
PAR UNE ARMÉE NATIONALE SÉDENTAIRE

PROJET DE LOI

PRÉSENTÉ AU NOM DE LA LIGUE

Par le citoyen GAMBON

Député de la Nièvre

PRIX : 10 CENTIMES

En vente au Siége social

PARIS — 14, RUE CHARLES V, 14 — PARIS

Adresser toutes les communications
au citoyen GRANGER, secrétaire

BUREAU DE LA LIGUE

Président : B. FLOTTE.

Vice-Présidents : EUDES, VAILLANT,
Conseiller municipal de Paris.

Secrétaire : GRANGER.

Secrétaires-adjoints : BREUILLÉ, DA-
VID, FELTESSE, FRANCARD, GI-
RAULT, MONTARON.

Trésoriers : GOIS, MARTINET.

EXPOSÉ DES MOTIFS

La suppression de la conscription, la substitution d'une armée nationale à l'armée permanente ont de tout temps été l'objet des revendications du parti républicain. Cette réforme constituait un des principaux articles du programme des députés de l'opposition sous l'empire ; elle était réclamée spécialement par le président actuel du Conseil des ministres, M. Jules Ferry. Bien que l'opposition d'alors soit devenue la majorité et le pouvoir d'aujourd'hui, bien que l'empire soit tombé pour faire place à la République, cette institution monarchique qui a nom l'armée permanente est restée debout. Nous croyons qu'il est temps d'en faire justice et de restituer à la nation tout entière le soin de sa défense.

L'armée permanente est une institution monarchique, incompatible avec l'exercice de la souveraineté et le fonctionnement du suffrage universel. Elle dépouille violemment le soldat de ses qualités et de ses droits de citoyen, le soustrait au contact de la nation, le maintient, par une discipline surannée te barbare, dans une sujétion avilissante vis-à-

Ais de ses chefs, étouffe en lui tout sentiment de responsabilité personnelle, toute
initiative. Elle réprime l'intelligence et ne
demande que l'obéissance passive. De
l'homme elle fait un automate.

L'armée permanente est une menace contre les libertés publiques. C'est une force
sans contrepoids, isolée de la nation, cons-
tituée à côté d'elle et dont le pays dispose
bien moins que le premier général venu.
Quels dangers ne ferait pas courir à la République un général victorieux, sans scru-
pules et doué d'audace, ou encore, aux heures de la défaite, un prétendant qui saurait
glisser, au milieu des découragements, des
lassitudes de l'armée, ses promesses et ses
corruptions !

L'armée permanente a toujours été impuissante à nous garantir de l'invasion. Nous
avons présents à la mémoire les lamenta-
bles effondrements de Sedan et de Metz.
Tandis que les jeunes recrues de la République, aussi mal armées que peu instruites,
purent tenir six mois la campagne et ne dé-
posèrent les armes qu'à la conclusion de la
paix, il suffit de six semaines pour anéantir
ou annuler la vieille armée impériale. Sa
discipline tant vantée, sa solidité, avaient été
pour elle des causes de faiblesse, en ne lui
laissant ni assez d'initiative, ni la mobilité
suffisante pour se plier à la nouvelle tacti-
que inaugurée par les Allemands.

L'armée permanente, en se substituant à la nation, rend les défaites irrémédiables et devient un obstacle à la défense. Elle n'est qu'une fraction de la nation valide, fraction divisée elle-même en trois tronçons de valeur inégale : l'armée active, la réserve et la territoriale. Tout compris, elle ne compte pas quinze cents mille hommes, au lieu des trois ou quatre millions de combattants que la France peut aisément fournir. Cette évaluation n'a rien d'exagéré. (L'armée suisse comprend le dixième, l'armée Monténégrine le quart de la population totale de la Suisse et du Monténégro.) Et cependant c'est cette fraction de la nation valide qui constitue à elle seule la force défensive du pays. C'est à cette fraction que la nation entière s'abandonne. Aussi qu'arrive-t-il ? l'armée vaincue, le ressort de la défense est brisé. La nation se trouve désarmée et impuissante, incapable d'utiliser les millions d'hommes qu'elle a pourtant en réserve. Combien la situation eût changé en 1870 si nous n'avions été entretenus dans une sécurité menteuse par l'armée permanente. Sans elle, la nation, ne se confiant qu'à elle-même, eût armé, instruit tous ses fils et ce rempart de plusieurs millions de patriotes nous eût épargné les hontes de la défaite et de l'invasion.

L'armée permanente est une insulte à la nation. Par quel sentiment de méfiance expliquer que l'immense majorité reste désar-

mée en présence d'une minorité armée ?
Est-ce une précaution ? Et, dans ce cas,
contre qui est prise cette précaution, et qui
a le droit de prendre des précautions contre
le pays ? Ces méfiances s'expliquent sous
une monarchie qui maintient les peuples en
tutelle, mais comment supposer que la nation républicaine puisse tourner ses armes
contre elle-même ?

L'armée permanente est une cause de dé-
moralisation et de dépopulation. Elle enlève
à la famille, au mariage, l'élite de la jeunesse française pour la livrer à l'abrutisse-
ment et à la corruption de la vie de caserne.

L'armée permanente est une cause de
ruine. Non seulement nous lui devons la
presque totalité de notre dette, mais encore
elle absorbe plus de 600 millions de notre
budget annuel. Dans la discussion de l'inter-
pellation sur la crise ouvrière, un membre de
la Chambre disait qu'on ne pouvait appliquer
à la fois, comme le voulait le ministère, le
budget de la monarchie et le budget de la République, qu'il fallait se prononcer et choisir
entre les deux. Eh ! bien, le chapitre princi-
pal, le chapitre le plus écrasant, pour la République, de ce budget de la monarchie,
c'est le chapitre consacré à l'entretien de
l'armée permanente, c'est le budget de la
guerre. Ce budget, par la masse énorme des
capitaux qu'il absorbe, est le véritable fléau
de nos finances. Il fait obstacle au dévelop-

pement des travaux utiles et de l'instruction, ces parties essentielles d'un budget républicain. Il va, de plus, à l'encontre du but qu'il se propose. Il fait que la nation obérée est dans l'impuissance de renouveler promptement, même en cas d'urgence, son matériel de guerre. Qu'une arme nouvelle soit offerte qui réalise toutes les conditions d'une arme supérieure et assure la victoire, comme l'ont assurée, à leur date, le fusil à aiguille et le canon se chargeant par la culasse, l'adoption de cette arme sera retardée, sinon écartée définitivement, parce que nos finances, écrasées par le budget de la guerre, ne peuvent supporter aucune charge nouvelle.

Aux 600 millions et plus que coûte annuellement l'armée permanente, il faut ajouter le travail perdu également chaque année de quatre à cinq cent mille hommes immobilisés dans les casernes. De plus, la vie de la jeunesse est pour ainsi dire suspendue pendant cinq ans. C'est au moment même où le jeune homme sort des tâtonnements de l'apprentissage ou de l'étude pour entrer dans la période de la production personnelle, à l'heure où s'étant rendu maître de tous les secrets, de toutes les habiletés, de tout ce qui constitue l'acquis d'une profession, il va pouvoir exercer utilement sa main et son cerveau, soit dans un métier, soit dans la science, que l'armée permanente s'empare de lui. Elle le retient pendant cinq ans. Au bout de ce temps, le fil des études est rompu, la main s'est déshabituée du travail. C'est tout un nouvel apprentissage à refaire. Que de forces ainsi perdues !

Toutes ces raisons qui font de l'armée permanente un instrument de défense aussi ruineux qu'illusoire nous ont déterminé à en réclamer la suppression et à demander son remplacement par une armée nationale sédentaire comprenant tous les citoyens valides, depuis l'àge de dix-huit ans. Nous avons tenu à vous présenter cette transformation radicale de nos institutions militaires sous sa forme la plus simple, la plus nette ; aussi le projet de loi que nous vous proposons d'adopter a-t-il été débarrassé, de parti pris, de toutes complications, de tous détails et ne contient-il que les articles essentiels Que notre projet soit voté ou repoussé, il aura suffi pour que vous puissiez vous prononcer sur la question en toute connaissance de cause. S'il est voté, vous aurez, conformément à son l'article 4, à élaborer, dans le détail, l'organisation nouvelle dont vous aurez adopté le principe.

L'article 1ᵉ du projet supprime la conscription et l'armée permanente. A toutes les raisons que nous avons énumérées plus haut et qui, selon nous, militent en faveur de cette suppression, nous pouvons ajouter l'exemple d'une République, la Suisse, qui n'a pas d'armée permanente et qui se trouve cependant suffisamment garantie par son armée nationale contre les grands voisins qui l'entourent. Nous ne vivons pas dans un siècle où le droit des nations soit fort respecté. Si la Suisse, qui compte des cantons allemands, français, italiens a pu, malgré les convoitises, traverser la récente période des guerres sans être attaquée, c'est à sa force qu'elle le doit. Son armée n'est donc pas une armée pour rire. C'est une armée qui inspire un respect salutaire. Son corps d'officiers est un des plus instruits et son état major un des plus éclairés de l'Europe. L'année dernière, les grandes manœuvres exécutées par cette armée ont excité l'étonnement et l'admiration des spécialistes, et en 1870, sur la frontière française, elle a montré avec quelle facilité et quelle rapidité elle pouvait accomplir sa mobilisation. L'armée suisse, en un mot — et c'est ce que nous voudrions que fût l'armée française — n'est autre chose que la nation organisée et armée pour sa défense. La Suisse est ainsi d'autant plus forte que, sans armée permanente, elle est, par cela même, sans dette publique et l'un des pays les moins imposés de l'Europe.

Les États-Unis ont une armée permanente, très réduite, il est vrai, et dont le rôle, exclusivement de police, est surtout de tenir en respect les Indiens, ou plutôt d'achever la guerre d'extermination poursuivie contre ces malheureux avec tant d'acharnement. Au moment de la guerre de Sécession, l'effectif de cette armée ne dépassait pas 30,000 hommes. Son rôle alors fut donc à peu près nul. Toutefois, son influence, ainsi que celle de l'école militaire de West-Point s'exerça plutôt au bénéfice des vaincus, c'est-à-dire du Sud qui avait tenu le pouvoir pendant de longues années et représentait le monde aristocratique et officiel. Ce fait, que l'armée permanente des Etats-Unis ne fut, au moment de la Sécession, qu'un élément négligeable, n'empêcha nullement les Américains de faire, avec éclat, la grande guerre. On se souvient de ces armées improvisées, de ces formidables chocs de plusieurs centaines de mille hommes, de ces batailles de trois jours, de ces hécatombes effroyables qui n'eurent rien à envier aux plus célèbres de l'ancien monde. Ces armées, levées à la hâte, composées de soldats-citoyens, purent comme solidité, courage, acharnement, soutenir avantageusement la comparaison avec n'importe quelle armée permanente de la vieille Europe. La cavalerie se fit remarquer par la hardiesse de ses mouvements. Les armes spéciales, les services accessoires, non emprisonnés dans des routines réglementaires, reçurent le concours de tous les hommes compétents. Les ingénieurs surent défendre les ports; fortifier les

places et les positions occupées, utiliser les
voies ferrées, perfectionner les engins de
guerre, en créer de nouveaux. Le type
des monitors, entre autres, date de là. On
trouva tout naturellement, parmi les né-
gociants et les médecins, un personnel
capable pour les services de l'intendance et
de santé. Les femmes se chargèrent des
ambulances. N'étant pas gênés par une hiérarchie militaire encombrante, les deux gou-
vernements eurent la liberté de leurs choix,
et, en peu de temps, il se révéla toute une
pléiade de remarquables capitaines, possé-
dant la qualité maîtresse de l'homme de
guerre : celle de diriger et de faire manœu-
vrer les troupes par grandes masses. Ces
généraux avaient reçu une instruction militaire. Beaucoup étaient d'anciens élèves de
l'école de West-Point. Mais ils n'avaient
point fait du métier de soldat leur carrière.
Ils n'avaient pas franchi lentement tou s les
degrés d'une hiérarchie. Ils n'avaient pas
vieilli, ils ne s'étaient pas usés à la conquête
de nombreux galons. Ils étaient jeunes. Ils
n'en avaient pour cela ni moins d'initiative,
ni moins de valeur. Enfin, pour en finir
avec cet exemple de l'Amérique qui nous a
paru probant et sur lequel nous nous som-
mes peut-être trop étendu, les États-Unis,
n'ayant qu'une très faible armée permanente, ont pu, en vingt ans, éteindre presque leur énorme dette qui était née de la

guerre et qui s'élevait au chiffre de vingt milliards.

S'il est temps de renoncer aux guerres de conquête qui ne nous ont valu, en fin de compte, qu'un accroissement de la dette publique, une aggravation d'impôts et une diminution notable de territoire, en revanche tous nos efforts doivent tendre à assurer l'intégrité de la patrie. Aussi est-il nécessaire de remplacer l'instrument agressif que l'on supprime par un instrument défensif d'une puissance supérieure. C'est ce que l'article 2 de notre projet vous propose de faire en remplaçant l'armée permanente par une armée nationale sédentaire comprenant tous les citoyens valides depuis l'âge de dix-huit ans.

Nous avons adopté l'âge de dix-huit ans parce qu'il nous a paru d'un intérêt majeur pour la défense nationale de la fortifier par l'adjonction de plus de trois cent mille jeunes gens que la patrie peut compter parmi les plus vigoureux et les plus ardents de ses fils. A cet âge, l'intérêt personnel ne s'est pas encore développé, et, seuls, les nobles instincts : le dévouement, l'abnégation, l'enthousiasme, le courage, ont place dans le cœur du jeune homme. Il faut utiliser ces vertus, non seulement pour leur valeur propre, mais à cause de leur contagion salutaire. L'introduction d'un élément plus jeune dans l'armée nationale ne peut avoir pour effet que d'élever le niveau de ses qualités héroïques. Nous ne faisons du reste que généraliser un fait qui est admis aujourd'hui à titre exceptionnel, puisqu'on peut devancer l'appel et s'engager à dix-huit ans. Il va sans dire que le jeune homme ne sera incorporé qu'autant qu'il sera valide. S'il est reconnu qu'il n'a pas atteint son développement normal, qu'il est incapable de supporter les fatigues d'une campagne, il ne pourra être considéré comme valide et son inscription sera retardée.

Nous n'avons pas cru devoir fixer de limite d'âge au service que chaque citoyen doit à la patrie. Pour nous, la limite se trouve non dans l'âge, mais dans la possibilité de rendre ce service. Un citoyen ne cessera donc d'appartenir à l'armée nationale sédentaire que quand il aura cessé d'être valide.

N'oublions pas d'ailleurs que cette armée ne prend corps et ne peut être mise en mouvement qu'en cas de guerre ; qu'en temps de paix elle existe seulement sur le papier ; qu'elle reste dans ses foyers ; que, composée d'hommes parfaitement instruits dans leur jeunesse, elle a besoin tout au plus pour garder son niveau de quelques rares manœuvres ; qu'en somme, elle ne saurait être considérée, à aucun titre, comme une charge.

Bien que nous n'ayons pas ici à entrer

dans le détail et à nous prononcer à l'avance sur des lois que l'article 4 de notre projet ne fait qu'indiquer, nous pensons que, par la nature même de l'institution, et pour réduire au minimum les délais exigés par la mobilisation, le recrutement de l'armée nationale sédentaire devra être non seulement régional, mais local, que les divisions militaires devront correspondre aux divisions administratives et que c'est dans sa commune ou dans l'une des communes voisines, dans son canton ou dans l'un des cantons voisins, dans son arrondissement, son département, sa région, que chaque soldat-citoyen devra trouver, en cas de manœuvre ou de guerre, le point de concentration de la compagnie, du bataillon, du régiment, de la brigade, de la division, du corps d'armée et de l'armée auxquels il appartient.

La substitution de l'armée nationale à l'armée permanente peut se faire sans trouble et sans danger. L'armée active est supprimée et rentre dans ses foyers, mais elle est immédiatement remplacée par l'armée nationale sédentaire composée de tous les citoyens valides. Or, depuis 12 ans, 150,000 jeunes gens environ ont reçu, chaque année, à des degrés divers, l'instruction militaire. Ce sont eux qui forment l'armée actuelle, tant active que réserve et territoriale. Ce sont eux encore qui formeront le noyau de l'armée nouvelle. L'armée nationale sup-

prime la caserne, elle ajoute des bras nombreux à la défense, elle n'en enlève pas un
seul. L'analyse de ses forces, au début
même de son organisation, rendra la démons-
tration plus claire. L'armée nationale comprendra : 1° les hommes de 18 à 21 ans qui,
dans le système actuel, ne sont pas encore
ou viennent seulement d'être appelés et qui
par conséquent n'auront pu être instruits ;
2° toute l'armée actuelle : active, réserve,
territoriale, avec son degré d'instruction
qu'un changement d'organisation ne saurait
ni accroître, ni diminuer ; 3° les exemptés
valides du régime actuel ; 4° les hommes
valides à partir de 40 ans, parmi lesquels
une fraction dont il faut tenir compte : celle
des anciens soldats ayant servi sous le
régime des 7 ans. Dès la première heure de
sa formation, l'armée nationale comprendra
donc tous les hommes, sans en excepter
un seul, composant l'armée actuelle et ayant
reçu une instruction militaire quelconque,
plus un nombre assez considérable d'anciens
soldats, plus trois catégories d'hommes non
instruits, puisque le régime actuel ne les
instruit pas. Le seul appoint des anciens
soldats constitue incontestablement un accroissement de forces. Quant aux trois
catégories nouvelles, nous savons que, tout
d'abord, elles seront un renfort médiocre,
mais, outre que leur instruction pourra vite
être ébauchée, tous les ans une portion de

ces moindres valeurs disparaîtra pour faire place à une classe de jeunes hommes de mieux en mieux, et, au bout de dix ans, parfaitement instruits. A la fin de la première année, le fonctionnement de notre système nous donnera de 150,000 à 200,000 jeunes gens de 18 ans ayant un an d'instruction militaire, et qui seront versés dans les cadres de l'armée nationale. A la fin de la deuxième année, cette classe de 150,000 à 200,000 jeunes gens aura deux ans d'instruction ; à la fin de la troisième année, trois ans ; à la fin de la dixième année, dix ans, car, ainsi que nous allons le voir dans l'examen de l'article 3, la durée normale que notre projet fixe à l'instruction militaire est de dix ans.

Mais, avant d'aborder cet examen, un mot des cadres. Le fait de licencier l'armée permanente ne supprimera pas plus un officier qu'il ne supprime un soldat. L'armée nationale aura donc à sa disposition, dans le présent, pour constituer ses cadres, tous les officiers de l'armée permanente. Quant à leur recrutement dans l'avenir, à leur mode de nomination, à leur avancement, c'est à l'une des lois spéciales prévues par l'article 4 qu'il appartient de les régler.

D'après l'article 3, l'armée nationale sédentaire a pour base l'instruction militaire obligatoire donnée, dans les écoles et au foyer paternel, à tous les enfants, depuis l'âge de huit ans jusqu'à dix-huit. Nous

avons cru en effet que, sur ce point de l'instruction militaire, il était nécessaire de prendre le contrepied de ce qui se pratique aujourd'hui. On attend aujourd'hui que l'en-
fant soit devenu un homme pour lui apprendre le métier de soldat. Il s'agit de rentrer
dans la nature et d'apprendre le métier des
armes à l'âge où l'on apprend tout ce que
l'on apprend, c'est-à-dire pendant l'enfance
et l'adolescence. Durant la période d'instruction, de huit à dix-huit ans, le jeune homme
aura le temps de se rompre à tous les exercices du corps. Les armes, la lutte, l'équita-
tion, la nage, le tir, la gymnastique déve-
lopperont en lui les qualités viriles. A cet
âge, il s'assimilera avec plaisir, presque avec
passion l'instruction militaire que, plus tard,
il ne recevra plus qu'avec dégoût. Cette instruction lui sera donnée à l'école, ou dans
ses foyers s'il est sorti de l'école, sans dé-
penses, à ses heures de loisir, les jours de
congé, sans que cela nuise, plus qu'aujour-
d'hui la gymnastique, à son éducation gé-
nérale. Tout jeune, il pourra apprendre l'é-
cole de soldat, plus tard l'école de compagnie,
plus tard encore l'école de régiment et les
manœuvres de brigade et de division. Avec
l'entraînement qu'ils subiront alors, les jeunes gens seront assez vigoureux pour supporter de longues marches. Les enfants de
plusieurs communes ou de plusieurs cantons,
les jeunes gens de tout un arrondissement,

de tout un département même, pourront, à certaines dates qui seront pour eux des jours de fête, se réunir sur un point commun et se livrer à des exercices d'ensemble. Pendant leurs dernières années d'instruction, les jeunes gens de 17 à 18 ans, rompus à la marche et à la fatigue, pourront même, si cela est jugé nécessaire, se déplacer pendant plusieurs jours et exécuter les grandes manœuvres de corps d'armée,

A dix-huit ans, le jeune homme aura terminé son apprentissage militaire. Il sera immatriculé dans l'armée nationale et à la disposition de la nation menacée, mais il en aura fini des exercices et des manœuvres. Ce serait folie de vouloir l'encaserner ou de continuer à lui apprendre ce qu'il sait à fond. Ce ne sera pas un soldat à faire, mais un soldat accompli.

Des lois multiples sont la conséquence de notre projet. L'article 4 les prévoit en disant que des lois spéciales régleront, dans le détail, l'organisation et la direction de l'armée nationale sédentaire, ainsi que l'enseignement militaire de la jeunesse. Parmi les lois sur l'organisation de l'armée, on peut compter une loi sur les cadres et une autre sur l'état-major. La nation n'a rien à gagner, et n'a au contraire qu'à perdre, à maintenir la permanence, c'est-à-dire l'oisiveté des cadres inférieurs, mais il est de toute nécessité qu'u n petit nombre d'hommes se consacrent spécialement et entièrement à la science de la guerre et aux sciences qui s'y rattachent. Aussi, l'état-major, ainsi que les comités des différentes armes devront-ils être permanents.

Nous avons terminé l'examen du projet de loi que nous soumettons à vos délibérations. Si nous avons été assez heureux pour faire entrer dans vos esprits la conviction qui nous anime, pour vous persuader de la supériorité, comme instrument de défense, de l'armée nationale sur l'armée permanente, vous ne vous laisserez par arrêter par la prétendue objection d'un danger extérieur, que nous considérons, nous, comme un argument. C'est justement en prévision de ce danger qu'il faut, sans retard, armer et organiser la nation pour sa défense.

Nous ajouterons qu'en adoptant notre projet, vous donnerez satisfaction à l'opinion qui se manifeste de plus en plus en sa faveur.

Après les désastres de 1870, on comprit que les conditions de la guerre avaient changé et que les anciennes armées avaient fait leur temps. On se souvint qu'on avait été forcé de mettre en ligne de nombreuses troupes, levées à la hâte ; qu'on n'avait eu le temps ni de les organiser, ni de les instruire, et on pensa qu'il était sage de faire cette besogne d'avance. Mais on crut résoudre la question en copiant servilement, en les aggravant toutefois, les institutions du vain-

queur, sans rechercher même si c'était bien
pour leur valeur intrinsèque, et non pas plutôt pour des motifs étrangers que le vain-
queur lui-même maintenait ces institutions.
On ne se demanda pas non plus s'il était
possible de lutter avec avantage sur un terrain pratiqué par nos rivaux depuis plus
d'un demi-siècle, s'il était raisonnable de
vouloir rattraper une telle avance et s'il ne
valait pas mieux choisir nous-mêmes un
terrain sur lequel personne ne pourrait
nous suivre?. Ce terrain est tout trouvé.
C'est l'armée nationale, que le régime monarchique de l'Allemagne lui interdit. Ce
n'est pas par conscience de sa supériorité,
mais par nécessité, que l'empire allemand
conserve son système militaire. Il n'a pas le
choix. Il ne peut, à aucun prix, armer, organiser la nation, lui laissèr le soin de sa défense. Il lui faut une armée, améliorée, per-
fectionnée sans doute, mais avant tout permanente.

Quoiqu'il en soit, on ne sut, en France,
trouver au problème militaire qui se posait
après 1870 d'autre solution que celle-ci :
réduire la durée du service et l'étendre à
tous, de façon à faire entrer dans les cadres
de l'armée permanente et à y retenir pendant cinq longues années toute la jeunesse
française. C'était purement utopique. L'é-
norme budget de la guerre n'y pouvait suf-
fire. Aussi fut-il nécessaire de diviser le con-

tingent en deux portions, dont l'une seulement fût versée dans l'armée active et reçut une instruction complète. De plus, on s'aperçut vite qu'on ne pouvait sans péril soustraire à ses études, à ses travaux, en un mot immobiliser pendant cinq ans toute la jeunesse d'un pays. Mais, au lieu de répudier la méthode, on ne voulut que la corriger, et, aujourd'hui encore, les réformateurs militaires se bornent à demander la réduction du service à trois ans, les plus hardis à deux ans. Cette atténuation aura pour résultat de restreindre, sinon de supprimer, la deuxième portion du contingent, et par cela même de donner l'instruction à un plus grand nombre de jeunes gens. Mais cette instruction, ayant une durée moindre, sera moins solide. Les charges du budget resteront les mêmes, si plutôt elles n'acquièrent une nouvelle tendance à s'accroître encore. En somme, le mal gagnera en étendue ce qu'il perdra en intensité.

Le premier, Paris entra dans la vraie voie. Prêtant l'oreille à des avertissements isolés, qui jusqu'alors étaient restés sans écho, il eut l'idée de donner l'instruction militaire à l'enfance et d'organiser les bataillons scolaires. On vit de suite tout ce que l'on pouvait obtenir dans ce sens. Avec quelques heures d'exercice par semaine, les enfants, au bout de six mois, non seulement possédaient le maniement de leur arme, mais en-

core marchaient et manœuvraient avec la
précision de vieilles troupes. Aujourd'hui,
l'on pense à généraliser cette institution des
bataillons scolaires et à prolonger l'instruction
militaire de la jeunesse, afin de combler
la lacune qui existe entre l'école et l'entrée
au corps. Fort bien. Mais alors pourquoi
cette entrée au corps serait-elle suivie d'un
service actif de trois ou de deux ans ? Pourquoi
n'est-elle pas une simple immatriculation,
puisqu'à ce moment le jeune homme à
reçu une instruction complète et que, loin
d'être un conscrit, il est un soldat parfait ?

D'un autre côté, les grandes manœuvres
qui eurent lieu en Suisse l'année dernière
firent quelque bruit en Europe et attirèrent
sur les institutions militaires de la Suisse
l'attention de tous les hommes soucieux de
s'éclairer. Cette expérience détermina de
nombreuses convictions et quelques-uns des
partisans les plus sincères du service de
trois ans semblent aujourd'hui être ébranlés.

Enfin, depuis quelques mois, un sérieux
mouvement d'opinion s'est produit sur cette
question de l'abolition de l'armée permanente
et de son remplacement par une armée nationale
sédentaire. Aussi est-ce avec confiance
que nous vous proposons d'adopter le
projet de loi suivant.

PROJET DE LOI

ARTICLE PREMIER. — La conscription est supprimée et ne pourra être rétablie sous aucun nom, sous aucune forme, sous aucun prétexte.

L'armée active permanente est également supprimée et rentre dans ses foyers.

ART. 2. — L'armée permanente est remplacée par une armée nationale sédentaire comprenant tous les citoyens valides, depuis l'âge de dix-huit ans.

ART. 3. — L'armée nationale sédentaire a pour base l'instruction militaire obligatoire donnée, dans les écoles et au foyer paternel, à tous les enfants, depuis l'âge de huit ans jusqu'à dix-huit.

ART. 4. — Des lois spéciales régleront dans le détail l'organisation et la direction de l'armée nationale sédentaire, ainsi qu l'enseignement militaire de la jeunesse.

PARIS.—Impr. F. MORNAS, 11, rue Primatice